BENJAMÍN FRANKLIN

POLÍTICO E INVENTOR ESTADOUNIDENSE

MAYA GLASS

TRADUCCIÓN AL ESPAÑOL:
TOMÁS GONZÁLEZ

The Rosen Publishing Group, Inc.
Editorial Buenas Letras™
New York

Published in 2004 by The Rosen Publishing Group, Inc.
29 East 21st Street, New York, NY 10010

First Spanish Edition 2004
First English Edition 2004

Cataloging Data

Glass, Maya.
[Benjamin Franklin. Spanish.]
Benjamin Franklin : Político e inventor estadounidense / by Maya Glass.
    v. cm. — (Grandes personajes en la historia de los Estados Unidos)
Contents: Benjamin Franklin the apprentice — A struggle and a success — Printer and citizen — Benjamin Franklin the inventor — Benjamin Franklin, great American.
ISBN 0-8239-4127-2 (lib. bdg.)
ISBN 0-8239-4221-X (pbk)
6-pack 0-8239-7562-2
1. Franklin, Benjamin, 1706–1790—Juvenile literature. 2. Statesmen—United States—Biography—Juvenile literature. 3. Inventors—United States—Biography—Juvenile literature. 4. Printers—United States—Biography—Juvenile literature. 5. Scientists—United States—Biography—Juvenile literature. [1. Franklin, Benjamin, 1706–1790. 2. Statesmen. 3. Scientists. 4. Inventors. 5. Printers. 6. Spanish language materials.] I. Title. II. Series: Primary sources of famous people in American history. Spanish.]
E302.6.F8 G55 2003
973.3'092—dc21

Manufactured in the United States of America

Photo credits: cover © Francis G. Mayer/Corbis; p. 4 © Bettmann/Corbis; p. 5 © National Portrait Gallery, Smithsonian Institution/Art Resource, NY; pp. 6, 10 courtesy of the Rare Books and Manuscripts Collection, The New York Public Library, Astor, Lenox, and Tilden Foundations; p. 7 Dover Pictorial Archive Series; p. 11 The American Philosophical Society; p. 12 New-York Historical Society, New York, USA/Bridgeman Art Library; pp. 13, 17, 26, 27, 29 Library of Congress Prints and Photographs Division; pp. 15, 25 © Hulton/Archive/Getty Images; p. 19 Cigna Museum and Art Collection; pp. 20, 21 Franklin Institute; p. 23 Archives Charmet/The Bridgeman Art Library; p. 28 National Archives and Records Administration.

Designer: Thomas Forget; Photo Researcher: Rebecca Anguin-Cohen

CONTENIDO

1 BENJAMÍN FRANKLIN, APRENDIZ

Benjamín Franklin nació el 17 de enero de 1706 en Boston, Massachusetts. Benjamín fue el decimoquinto de diecisiete hijos. Entró a la escuela a la edad de ocho años, pero no asistió durante mucho tiempo, pues su familia necesitaba que trabajara. Benjamín se hizo aprendiz de su padre a los diez años de edad.

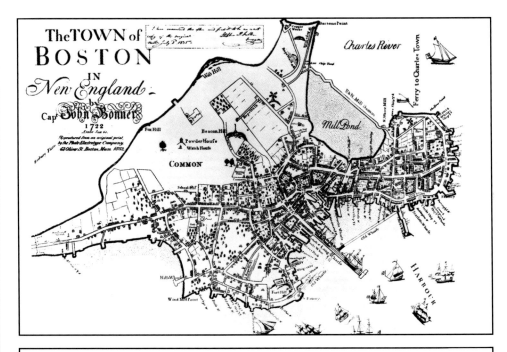

En 1706, Boston era la ciudad más grande de Nueva Inglaterra. Los barcos que llegaban de Europa ayudaron a enriquecer la ciudad.

Benjamín Franklin dejó la escuela antes de cumplir los diez años. Sin embargo, nunca dejó de aprender. Siempre leía libros y ejercitaba la mente.

Benjamín aprendió a fabricar jabón y velas, pero no le gustaba ese trabajo. Prefería leer. Entonces se hizo aprendiz en el taller de su hermano James, que era impresor. Los impresores hacen periódicos y libros para que la gente lea.

Los niños que no iban a la escuela empezaban a trabajar desde muy pequeños. Usualmente entraban como aprendices. Los aprendices son ayudantes que estudian un oficio.

En la época colonial los talleres de impresión eran pequeños.
A menudo imprimían periódicos, folletos o volantes de
publicidad. Imprimir exigía habilidad y se necesitaban
muchos años para aprender el oficio.

James Franklin fundó su propio periódico en 1721. Benjamín quería escribir para el periódico, pero James pensaba que su hermano era demasiado pequeño y no sabría hacerlo bien. Benjamín escribió artículos bajo el nombre de "Señora Silence Dogood". En ellos se burlaba de los puritanos de Boston. A veces él mismo se encargaba de imprimirlo.

¿SABÍAS QUE...?
Benjamín Franklin era vegetariano. Se alimentaba de verduras y pan, únicamente. Nunca comía carne de ninguna especie.

THE
New-England Courant.

From MONDAY April 9. to MONDAY April 16. 1722.

To the Author of the New-England Courant.

SIR, [Nᵒ 2

HISTORIES of Lives are seldom entertaining, unless they contain something either admirable or exemplar: And since there is little or nothing of this Nature in my own Adventures, I will not tire your Readers with tedious Particulars of no Consequence, but will briefly, and in as few Words as possible, relate the most material Occurrences of my Life, and according to my Promise, confine all to this Letter.

MY Reverend Master who had hitherto remained a Batchelor, (after much Meditation on the Eighteenth Verse of the Second Chapter of *Genesis*,) took up a Resolution to marry; and having made several unsuccessful fruitless Attempts on the more topping Sort of our Sex, and being tir'd with making troublesome Journeys and Visits to no Purpose, he began unexpectedly to cast a loving Eye upon Me, whom he had brought up cleverly to his Hand.

THERE is certainly scarce any Part of a Man's Life in which he appears more silly and ridiculous, than when he makes his first Onset in Courtship. The awkward Manner in which my Master first discover'd his Intentions, made me, in spite of my Reverence to his Person, burst out into an unmannerly Laughter: However, having ask'd his Pardon, and with much ado compos'd my Countenance, I promis'd him I would take his Proposal into serious Consideration, and speedily give him an Answer.

AS he had been a great Benefactor (and in a Manner a Father to me) I could not well deny his Request, when I once perceived he was in earnest. Whether it was Love, or Gratitude, or Pride, or all Three that made me consent, I know not; but it is certain, he found it no hard Matter, by the Help of his Rhetorick, to conquer my Heart, and perswade me to marry him.

THIS unexpected Match was very astonishing to all the Country round about, and served to furnish

AT present I pass away my leisure Hours in Conversation, either with my honest Neighbour *Rusticus* and his Family, or with the ingenious Minister of our Town, who now lodges at my House, and by whose Assistance I intend now and then to beautify my Writings with a Sentence or two in the learned Languages, which will not only be fashionable, and pleasing to those who do not understand it, but will likewise be very ornamental.

I SHALL conclude this with my own Character, which (one would think) I should be best able to give. *Know then*, That I am an Enemy to Vice, and a Friend to Virtue. I am one of an extensive Charity, and a great Forgiver of *private* Injuries: A hearty Lover of the Clergy and all good Men, and a mortal Enemy to arbitrary Government & unlimited Power. I am naturally very jealous for the Rights and Liberties of my Country; & the least appearance of an Incroachment on those invaluable Priviledges, is apt to make my Blood boil exceedingly. I have likewise a natural Inclination to observe and reprove the Faults of others, at which I have an excellent Faculty. I speak this by Way of Warning to all such whose Offences shall come under my Cognizance, for I never intend to wrap my Talent in a Napkin. To be brief; I am courteous and affable, good-humour'd (unless I am first provok'd,) and handsome, and sometimes witty, but always,

SIR,
Your Friend, and
Humble Servant,
SILENCE DOGOOD.

To the Author of the New-England Courant.
SIR,

BEing lately at the Quarter-Sessions, when a certain Lawyer came upon his Tryal for cohabiting with a French Tayloress as his Wife without being married according to the Laws of this Province; it was with no small Indignation that I heard him deliver himself to this Purpose; 'Please your Honours, I have been render'd odious by a Company of scandalous Writers, which I need not wonder at, when even his Excellency himself, and all that is dear and sacred to your Honours, has not escap'd the Lash of these sorry Scribblers: And since the Town are so much byas'd by their Writings, I chuse not to be try'd by the Jury, but freely submit to —

Franklin tenía apenas dieciséis años cuando empezó a escribir ensayos para el periódico *New-England Courant*. A menudo escribió sobre la importancia de saber vivir bien.

9

2 LUCHA Y ÉXITO

En 1723, cuando tenía diecisiete años, Benjamín Franklin se mudó a Nueva York. Pero no encontró empleo allí. Un impresor le aconsejó que buscara trabajo en Filadelfia. En esa ciudad, Franklin trabajó con el impresor Samuel Keimer. En ese tiempo conoció a Deborah Read, quien más tarde sería su esposa. Franklin quería fundar su propia imprenta.

Ben Franklin quería fundar su propia imprenta. Al principio no tuvo mucha suerte. Se mudó a Filadelfia, donde muy pronto conoció a la que sería su esposa, Deborah Read.

Deborah Read rápidamente se dio cuenta de que Franklin era inteligente e ingenioso. Además a ella le agradaba que Benjamín se hubiera fijado metas altas en la vida. Se escribían cartas y se encontraban en las calles de la ciudad.

Franklin no tenía dinero para fundar su propio taller. Viajó a Londres a fin de tratar de conseguir préstamos para comprar el equipo. No tuvo mucha suerte. Empezó a trabajar de maestro y en 1726 regresó a Filadelfia donde volvió a trabajar con Samuel Keimer. En 1728, Franklin abrió un taller de imprenta en compañía con Hugh Meredith.

UN ESCRITOR SECRETO

Benjamín Franklin también escribió artículos periodísticos con el seudónimo de *Busy Body*.

Franklin usó esta máquina impresora en su taller de Filadelfia. Imprimir era un trabajo lento. Sólo se podía imprimir una página a la vez.

3 IMPRESOR Y CIUDADANO

En 1729, Benjamín Franklin compró el periódico *Pennsylvania Gazette*, propiedad de Samuel Keimer. Al público le encantaba la manera vivaz como escribía Franklin, y el periódico se vendió bien en Filadelfia. En 1730, Franklin y Deborah Read se casaron por derecho consuetudinario. Esto significaba que habían vivido bastante tiempo juntos y por consiguiente se los declaraba casados.

Franklin supervisaba con mucha atención el funcionamiento de su taller. Leía todo lo que se imprimía. En su periódico sólo publicaba artículos de excelente calidad.

El *Pennsylvania Gazette* salía una vez por semana. El periódico tenía pocas páginas. En aquel entonces era frecuente que la gente comprara sólo un periódico y lo hiciera circular entre familiares y amigos.

En 1732 se publicó el *Poor Richard's Almanack*, de Benjamín Franklin. Los almanaques son libros que traen recetas e información variada, por ejemplo sobre el clima. Los granjeros los utilizan para saber cuándo plantar sus cosechas. La imprenta iba tan bien que Franklin contrató más personal. Deseaba dedicar más tiempo a la ciencia y la política.

SE IMPRIME DINERO

Benjamín Franklin utilizó su taller para imprimir dinero para el gobierno.

Note, This ALMANACK us'd to contain but 24 Pages, and now has 36; yet the Price is very little advanc'd.

Poor RICHARD improved:

BEING AN

ALMANACK

AND

EPHEMERIS

OF THE

Motions of the SUN and MOON;

THE TRUE

Places and Aspects of the PLANETS;

THE

RISING and *SETTING* of the *SUN;*

AND THE

Rifing, Setting *and* Southing *of the* Moon,

FOR THE

Bissextile YEAR, 1748.

Containing also,

The Lunations, Conjunctions, Eclipfes, Judgment of the Weather, Rifing and Setting of the Planets, Length of Days and Nights, Fairs, Courts, Roads, &c. Together with uieful Tables, chronological Obfervations, and entertaining Remarks.

Fitted to the Latitude of Forty Degrees, and a Meridian of near five Hours Weft from *London;* but may, without fenfible Error, ferve all the NORTHERN COLONIES.

By *RICHARD SAUNDERS,* Philom.

PHILADELPHIA:

Escribir el *Poor Richard's Almanack* era una manera divertida de ayudar a la gente a vivir bien. En él aparecían pequeños dichos que mostraban los beneficios que el trabajo duro aporta a todo el mundo. También contenía consejos sobre la forma de aprovechar bien el tiempo y el dinero.

17

Franklin ayudó a la ciudad de Filadelfia de muchas maneras. Hacia 1740, inventó una estufa mejor que las que se utilizaban en esa época. Franklin convocaba reuniones para que la gente diera a conocer sus ideas. Entre 1753 y 1774 trabajó como administrador adjunto de los correos de las colonias. También ayudó a crear un cuerpo de bomberos, un departamento de policía y una biblioteca para la ciudad.

UN LIBRO DE REFRANES

El *Poor Richard's Almanack* traía muchos dichos que aún se escuchan. Uno de ellos es: "Manzana podrida daña a su compañía". Muchos de estos refranes existen hoy con palabras diferentes.

Franklin se dio cuenta de que, para funcionar sin tropiezos, las ciudades necesitan la colaboración de todos sus habitantes. En su opinión, cada persona debía hacer su parte para que la ciudad fuera segura. Franklin ayudó a formar los departamentos de bomberos y de policía en Filadelfia.

4 BENJAMÍN FRANKLIN, EL INVENTOR

Franklin inventó muchas cosas, como un tipo de estufa para calentar las casas y los lentes bifocales. Éstos son lentes especiales que permiten a la gente ver de cerca y también de lejos. Franklin además inventó el pararrayos, que es un tubo de metal que se pone en las casas para protegerlas en las tormentas.

Uno de los inventos más útiles de Franklin fueron los lentes bifocales, que ayudan a las personas a ver mejor. Este invento mejoró la vida cotidiana de la gente.

Durante la colonia, los norteamericanos acostumbraban calentar las casas con las chimeneas. En la década de 1740, Franklin inventó una estufa de hierro que necesitaba menos leña y calentaba un espacio mayor.

Franklin quería demostrar que los rayos eran una forma de electricidad. Se cree que en 1752 hizo un experimento haciendo volar una cometa con una llave sujeta a ella. La llave recibió la descarga de un rayo y quedó electrizada. La electricidad bajó de la cometa hasta Franklin, quien sintió una descarga. Así fue como supo que los rayos eran electricidad.

¿SABÍAS QUE...?

A Benjamín Franklin le gustaba inventar acertijos. Creó un cuadrado mágico, especie de acertijo que se hace con números.

Franklin tenía la idea de que los rayos eran una forma de electricidad. Probó su teoría y encontró que tenía razón. Entonces inventó el pararrayos, para proteger las casas contra los incendios causados por los rayos.

5 BENJAMÍN FRANKLIN, EL GRAN ESTADOUNIDENSE

Benjamín Franklin se convirtió en político. Trabajó en Londres para lograr que los británicos escucharan a las colonias. Durante la década de 1700, los británicos gobernaban a las colonias, pero éstas querían gobernarse a sí mismas. Los acontecimientos en Norteamérica llevaron a la Guerra de Independencia. La ley conocida como Acta de Sellos gravó con impuestos muchos materiales impresos. Esta ley enojó a los colonos.

CARICATURISTA POLÍTICO

Muchos creen que el dibujo de Benjamín Franklin titulado *O te unes o mueres* fue la primera caricatura política de la historia. En él aparece una serpiente cortada en trozos, que representa a las colonias.

Ya en la década de 1770 los colonos norteamericanos se rehusaban a pagar impuestos a los británicos. Estas injusticias los llevaron a sublevarse. En este dibujo aparecen recaudadores de impuestos británicos huyendo de colonos enojados.

La Matanza de Boston se produjo el 5 de marzo de 1770. Los soldados británicos dispararon sobre un grupo de colonos desarmados. Esto hizo que los colonos se enojaran aún más. En 1773, los británicos gravaron el té con impuestos. Colonos vestidos como indios norteamericanos lanzaron cajas de té a la bahía de Boston. A esto se lo llamó la Fiesta del Té de Boston *(Boston Tea Party)*.

En la Fiesta del Té de Boston los comerciantes de té británicos perdieron miles de dólares. Lanzar té a la bahía mostró a los británicos que las colonias exigían cambios. Muy pronto los colonos empezaron a exigir un gobierno independiente.

En la década de 1770, los soldados británicos patrullaban Boston y otras ciudades coloniales. La indignación que se acumuló durante esos años llevó a que se produjera la Matanza de Boston. En esa revuelta las tropas británicas mataron a cinco colonos.

En 1775, Franklin regresó a Filadelfia y se hizo miembro del Congreso Continental. Thomas Jefferson escribió la Declaración de Independencia en 1776. Franklin fue una de las personas que la firmó. Benjamín Franklin trabajó sirviendo al país durante el resto de su vida. Murió el 17 de abril de 1790.

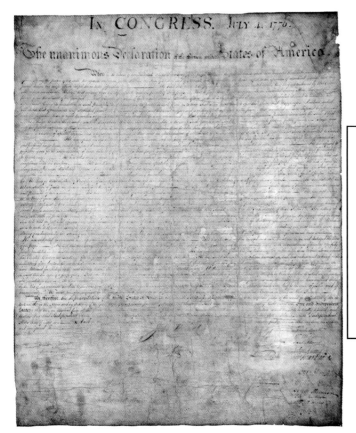

A la izquierda aparece la Declaración de Independencia. En ella se exponen las razones por las cuales las colonias querían separarse de la Gran Bretaña.

Cuando Thomas Jefferson escribió la Declaración de Independencia, Benjamín Franklin era ya un anciano sabio. Franklin leyó el documento y dio consejos a Jefferson sobre la manera de mejorarlo.

29

CRONOLOGÍA

1706—Benjamín Franklin nace el 17 de enero en Boston, Massachusetts.

1722—Franklin empieza a escribir cartas bajo el nombre de *Silence Dogood*.

1732—Se publica el primer *Poor Richard's Almanack*.

1765—Franklin y otros protestan contra el Acta de Sellos.

1773—Se produce la Fiesta de Té de Boston *(Boston Tea Party)*.

1790—Franklin muere el 17 de abril en Filadelfia a los 84 años de edad.

1718—Franklin se hace ayudante de su hermano James, que es impresor.

1730—Franklin y Deborah Read se casan por derecho consuetudinario.

1737—Franklin se convierte en administrador de correos de Filadelfia.

1770—Se produce la Matanza de Boston.

1776—Franklin firma la Declaración de Independencia.

GLOSARIO

administrador de correos adjunto Persona que ayuda a clasificar y entregar el correo.

aprendiz (el, la) Persona que aprende un oficio trabajando con alguien experimentado.

colonia (la) Territorio en el que se establece gente de otro país y es gobernado por dicho país.

electricidad (la) Energía que produce luz, calor o movimiento.

equipo (el) Materiales necesarios para hacer algo.

experimento (el) Prueba, ensayo.

matrimonio por derecho consuetudinario Matrimonio entre un hombre y una mujer que han vivido juntos durante cierto tiempo.

política (la) Ciencia del gobierno y las elecciones.

político(-ca) Persona que desempeña un cargo público o aspira a desempeñarlo.

puritanos(-as) Miembros de un grupo religioso de Inglaterra que se estableció en Norteamérica durante el siglo XVII.

SITIOS WEB

Debido a las constantes modificaciones en los sitios de Internet, Rosen Publishing Group, Inc. ha desarrollado un listado de sitios Web relacionados con el tema de este libro. Este sitio se actualiza con regularidad. Por favor, usa este enlace para acceder a la lista:

http://www.rosenlinks.com/fpah/bfra

LISTA DE FUENTES PRIMARIAS DE IMÁGENES

Página 4: Mapa ilustrado de 1722 titulado *La ciudad de Boston*, en Nueva Inglaterra, por John Bonner.

Página 5: Retrato de Benjamín Franklin, por Joseph Duplessis, 1785 aproximadamente. Se encuentra en la Institución Smithsonian, Washington, D.C.

Página 7: Grabado que representa un taller de imprenta, 1730 aproximadamente, tomado de la enciclopedia de oficios de Denis Diderot.

Página 9: Fotografía del artículo de Ben Franklin escrito para el *New-England Courant* el 16 de abril de 1722.

Página 11: Retrato al óleo de Deborah Franklin, de Benjamín Wilson, 1758 aproximadamente. Se encuentra en la Sociedad Filosófica Norteamericana, de Filadelfia.

Página 13: Fotografía de la imprenta que utilizó Franklin. La imprenta se encuentra actualmente en el museo Museo Nacional de Historia Norteamericana en nstitución Smithsonian, Washington, D.C.

Página 15: Fotografía de la primera página del periódico *Pennsylvania Gazette* del 25 de septiembre de 1729.

Página 17: Fotografía de la carátula del almanaque *Poor Richard's Almanack* de 1748. Se encuentra en la Biblioteca del Congreso, Washington, D.C.

Página 19: *El bombero*, retrato al óleo de Franklin. Charles Washington Wright, 1850 aproximadamente. Se encuentra en el *Cigna Museum and Art Collection*, de Filadelfia.

Página 21: Fotografía de una Estufa Franklin original, 1740 aproximadamente. La estufa se encuentra en el museo *Franklin Institute Science Museum*, de Filadelfia.

Página 23: Litografía a color de un anuncio de tarjetas de negocios en el que se utiliza la imagen de Franklin, creado por un miembro de la Escuela Francesa, 1900.

Página 25: Grabado titulado *Revuelta contra los impuestos*, 1766.

Página 26: Grabado titulado *Fiesta de Té de Boston*, por W. D. Cooper, 1789. Se encuentra en la Biblioteca del Congreso, Washington, D.C.

Página 27: Grabado de la *Matanza de Boston* por Paul Revere, 1770. Se encuentra en la Biblioteca del Congreso, Washington, D.C.

Página 29: Ilustración en la que aparece Benjamín Franklin leyendo un borrador de la Declaración de Independencia, por Jean Leon Gerome, 1921 aproximadamente. Se encuentra en la Biblioteca del Congreso, Washington, D.C.

ÍNDICE

ACERCA DEL AUTOR

Maya Glass es escritora y editora. Vive en la ciudad de Nueva York.